따르릉! 야생동물 병원입니다

사람들과 함께 사는 개나 고양이가 다치면
동물 병원에 데려가지요.
그럼, 산이나 들에 사는 동물들이 다치면
어떻게 할까요?
야생동물을 치료하는 병원이 있습니다.
다친 야생동물을 구해서 치료해 주고
다시 건강해지면 원래 살던 데로 돌려보내는
일을 하는 곳이에요. 야생동물 병원에는
동물의사 선생님과 아픈 동물을 잘 돌보는
사람들이 있습니다.
이제부터 동물의사 선생님을 따라
야생동물 병원에서 어떤 일을 하는지
살펴볼까요?

최협
1979년 충청북도 청주에서 태어났고, 대학에서 조소를 공부했습니다. 어릴 적부터 동물에 관심이 많았고
동물 그리기를 좋아했습니다. 철원에 있는 야생동물 보호 기관에서 지내면서 겪은 일들을 바탕으로
이 책을 쓰고 그렸습니다. 앞으로도 야생동물과 자연에 관한 이야기를 책으로 만들고 싶어 합니다.

김영준
1972년에 전라남도 광주에서 태어났습니다. 전남대학교 수의학과를 졸업한 뒤 서울대학교에서 석사, 강원대학교에서
박사 과정을 마쳤습니다. 2002년 미국 오마하 헨리돌리 동물원과 미네소타 맹금류 센터에서 익스턴십을 수료했고
2007년에는 미국 국립 야생동물 보건센터에서 야생동물 질병에 대한 교육 과정을 마쳤습니다.
2003년 이래 '천연기념물의 구조, 치료 및 관리'를 주제로 해마다 전국에서 강의를 하고 있고, 지금은 서울대학교
야생동물유전자원은행 연구원으로 일하고 있습니다. 지은 책으로는 《천연기념물 구조, 치료 및 관리》, 《수의사가 말하는
수의사》가 있습니다. 야생동물에 대해 공부하는 '야생동물소모임' 창립 회원으로 활동하고 있습니다.

따르릉! 야생동물 병원입니다 최협 글·그림 | 김영준 감수

1판 1쇄 펴낸날 2007년 11월 28일 | **1판 13쇄 펴낸날** 2024년 4월 5일
펴낸이 이충호 | **펴낸곳** 길벗어린이(주) | **등록번호** 제10-1227호 | **등록일자** 1995년 11월 6일
주소 04000 서울시 마포구 월드컵북로 45 에스디타워비엔씨 2F | **대표전화** 02-6353-3700 | **팩스** 02-6353-3702
홈페이지 www.gilbutkid.co.kr | **편집** 송지현 임하나 황설경 박소현 김지원 | **디자인** 김연수 송윤정 | **마케팅** 호종민 신윤아 이가윤 최윤경 김연서 강경선
경영지원본부 이현성 김혜윤 전예은 | **ISBN** 978-89-5582-175-8 77490 | **제조국명** 대한민국

글·그림 ⓒ 최협 2007 이 책은 저작권법에 따라 보호받는 저작물이므로, 저작권자와 길벗어린이(주)의 허락 없이는 이 책의 내용을 쓸 수 없습니다.

따르릉! 야생동물 병원입니다

최협 글·그림 | 김영준 감수

길벗어린이

이른 아침입니다. 동물의사 선생님은 밤새 별일이 없나 병원을 한 바퀴 돌아봅니다. 먼저 보호장을 둘러봅니다. 보호장에는 몸이 좀 나아져 혼자 먹이도 먹고 움직일 수 있는 동물들이 있습니다.
어제 준 먹이는 다 먹었나 볼까요?

"고라니가 먹이를 남겼어요."

"오늘은 먹이를 좀 줄여야겠군."

혹시 싸워서 다친 동물은 없나요?
괜찮은 것 같군요.

이번엔 입원실.
입원실은 아픈 동물들이 치료를 받으며
조용히 쉬는 곳입니다.

"무서워하지 말고 잘 잡아요."

"으, 발톱 좀 봐."

먼저 수리부엉이부터 살펴봅니다. 입원한 지 일주일 되었는데, 힘이 없어서
날지 못하고 있어요. 동물의사 선생님은 수리부엉이에게 영양 주사를 놓아 줍니다.
좀 더 튼튼해지면 날기 연습을 시켜야겠어요.

다리뼈가 부러져 들어온 쇠황조롱이도 살펴봅니다.
방사선 사진을 찍어 보니 뼈가 아직 안 붙었군요.
며칠 더 깁스를 하고 있어야겠습니다.

이제 먹이를 줄 때입니다.
아픈 동물들이 잘 먹고
빨리 건강해질 수 있게
동물의사 선생님이
먹이 종류와 양을 정해 줍니다.

입원실에 있는 황조롱이와
수리부엉이한테는 쥐를 줍니다.

고라니한테는 채소와 풀을 줍니다.
두루미한테는 깨끗한 물을 받아 살아 있는 미꾸라지와 볍씨를 함께 줍니다.

독수리들에게는 닭고기를 뼈째 잘 다져 줍니다.
뼈까지 다 먹어야 빨리 건강해지니까요.

먹을 물도 날마다 갈아 줍니다.
새들은 이 물에서 목욕도 하기 때문에
물이 너무 깊으면 안 됩니다.
새가 들어갔을 때 아랫배가 젖을
만큼 주면 알맞습니다.

청소도 날마다 해 줘야 합니다.
똥이나 먹이 찌꺼기가 썩으면
동물들한테 좋지 않기 때문이지요.

논 옆 도랑에 고라니가 떨어져 있어요.
일어서질 못하고 주저앉아 있네요.
먼저 고라니가 어떤 상태인지 적고
사진을 찍습니다. 두터운 보호 장갑을 끼고
고라니가 놀라지 않게 조심조심 다가갑니다.
먼저 헝겊 주머니를 고라니 머리에 씌웁니다.
야생동물은 사람이 눈에 보이거나 목소리가
들리면 몹시 겁을 내고 불안해해요.

2006년 12월 20일
고라니

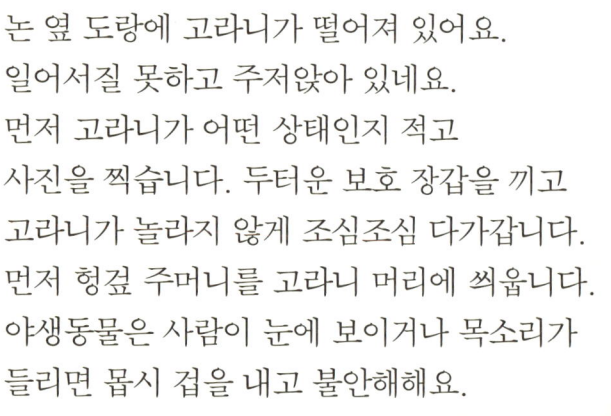

머리를 가려서 밖이 보이지 않게 해 주면 안심을 하고
차분해지지요. 동물의사 선생님은 고라니를 이동 상자에
싣고 서둘러 병원으로 갑니다.

동물의사 선생님이 고라니의 상태를 꼼꼼히 살펴보고 자세히 기록합니다. 뒷다리를 전혀 못 쓰고 엉덩이 쪽에 큰 멍이 있습니다. 아마 교통사고를 당한 뒤에 도랑에 빠진 것 같아요.
야생동물들이 교통사고를 당하는 일이 많아요. 동물들이 오가는 길에 도로가 생기기 때문이에요.
동물들은 도로가 자동차가 다니는 길이라는 것을 모릅니다. 자동차가 얼마나 빠르고 위험한지도 알지 못하고 늘 다니던 길을 갈 뿐이지요. 특히 한밤중에 사고가 더 많이 납니다. 사고가 나면 동물들은 대부분 죽어요. 자동차를 타고 다닐 때에는 야생동물들이 언제든 도로로 뛰어들 수 있다는 걸 알아야 해요.

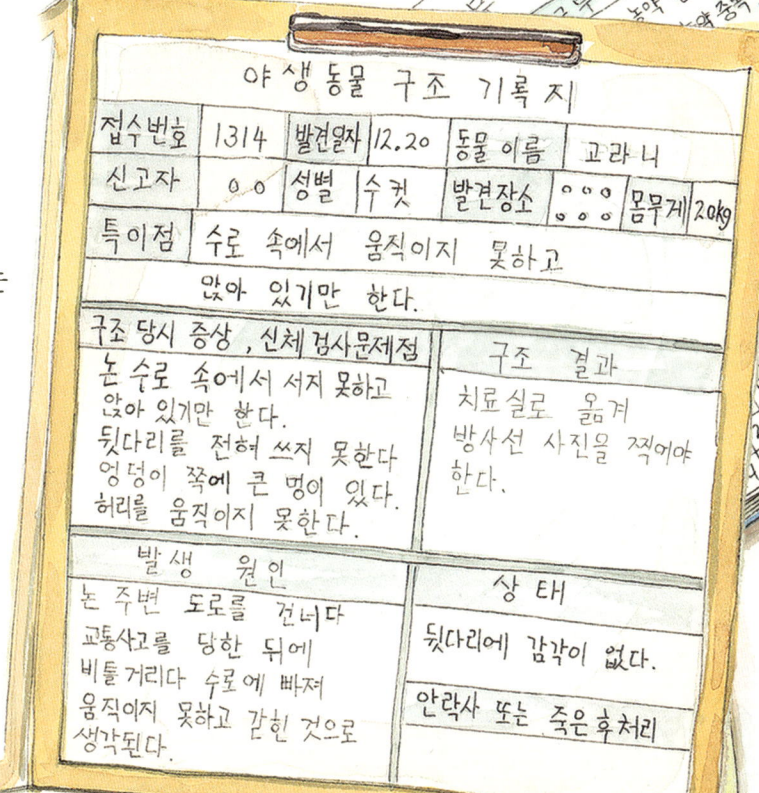

커다란 멧돼지가 밀렵꾼이 놓은 올무에 코가 걸려 움직이지 못하고 있습니다.
언제부터 이러고 있었을까요? 멧돼지는 코가 많이 아픈지 씩씩대고 이리저리 날뜁니다.
멧돼지는 힘도 엄청나게 세서 사람이 함부로 가까이 가면 크게 다칠 수 있으니까 조심해야 합니다.

올무를 풀어 주려면 먼저 마취를 해야 합니다.
마취 총에 약이 든 주사기를 넣고 조심조심 다가가서 살이 많은 엉덩이에다 쏩니다.

10분쯤 뒤 멧돼지가 콜콜 잠이 들었어요.
혹시 깨어나 발길질할지 모르니 다리를 끈으로 묶어 놓고 빨리 올무를 풀어 줍니다.
올무가 살을 파고 들어가 피가 났어요. 상처가 덧나지 않게 약을 발라 줍니다.

멧돼지가 마취에서 깨어났나 봐요. 몸을 움찔움찔, 코를 킁킁거리더니
벌떡 일어나 숲속으로 걸어갑니다. 빨리 발견해서 정말 다행이에요.

큰소쩍새가 잘 먹는 쥐를 먹여 줍니다.
아파서 그런지 혼자 먹질 못합니다.
쥐를 잘게 잘라 입 속으로 쏙 넣어 줍니다.
몸이 좀 좋아지면 눈을 빼 주는 수술을
해야 합니다.

다친 야생동물을 발견하면

● 사람의 도움이 꼭 필요할 때가 아니면 그대로 놔두어야 해요.
특히 어린 동물이 혼자 있다고 해서 함부로 데려오면 안 돼요.
어디선가 어미가 지켜보고 있는 수가 많으니까요.

● 사람이 다가가도 잘 움직이지 못하거나 심하게 상처가 났을 때는
바로 야생동물 구조 기관이나 파출소, 119 구급대에 알려야 해요.

● 절대 먹이를 주면 안 돼요. 함부로 아무 먹이나 주면
더 아플 수 있어요.

이제 입원실에 있는
황조롱이의 수술 준비를 합니다.
황조롱이는 얼마 전 날개를 다쳐서 병원에
들어왔습니다. 마침 나이와 크기가 같은
황조롱이가 교통사고로 죽어, 이 황조롱이의
날개깃을 잘라 깃이 망가진 황조롱이에게
붙여 주는 수술을 해 주기로 했습니다.

새들은 보통 해마다 봄에 한 차례 깃갈이를 합니다.
황조롱이가 깃갈이를 하려면 몇 달을 기다려야 하지요.
그때까지는 날지 못하니까
병원에 입원해 있어야 합니다.
병원에 오래 있다 보면
먹이 사냥도 하지 않고
많이 움직이지도 않으니까
힘이 약해져서 좋지 않습니다.
그런데 이렇게 새 깃으로
바꿔 주면 바로 날아다닐 수
있습니다.

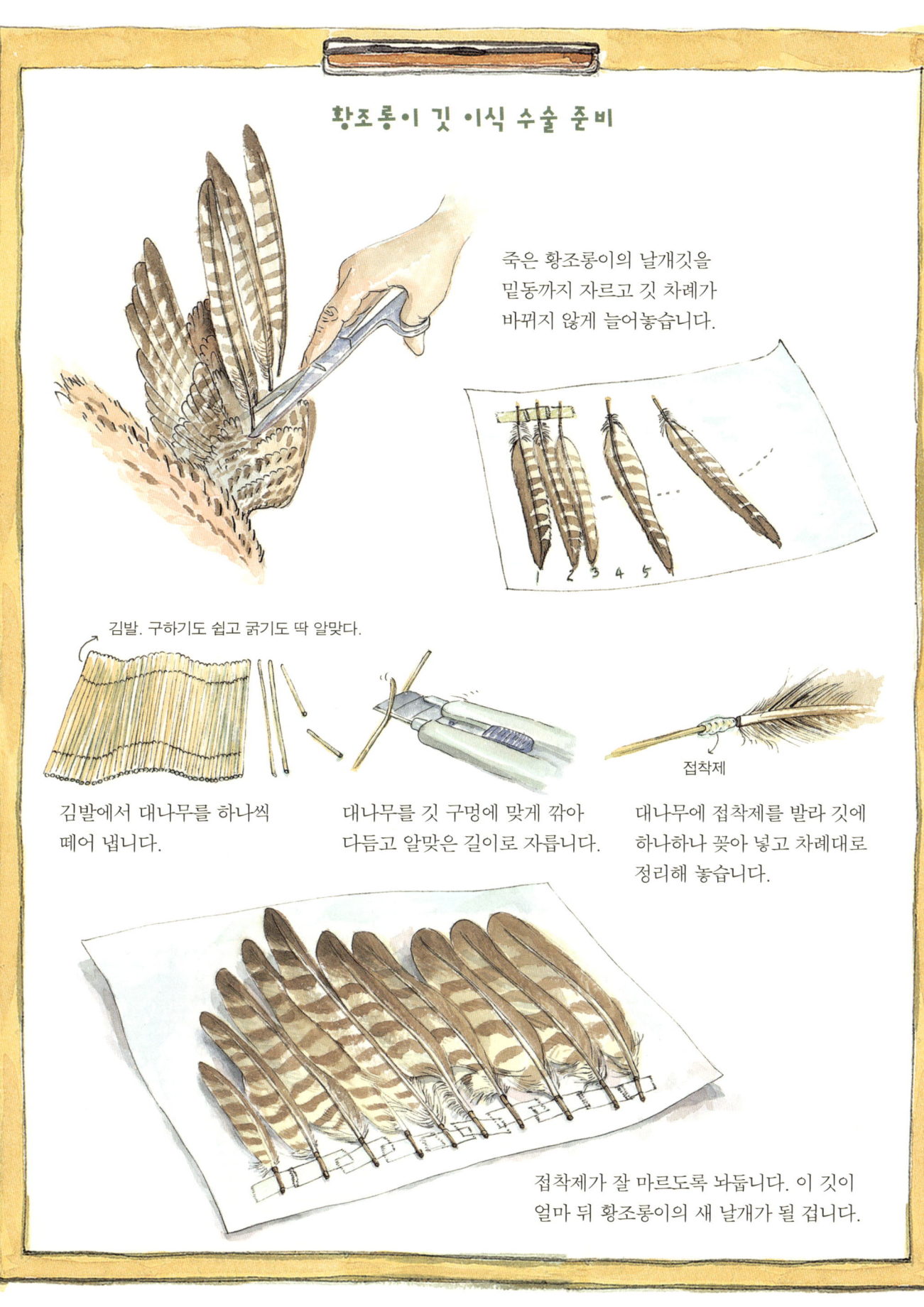

황조롱이 깃 이식 수술 준비

죽은 황조롱이의 날개깃을 밑동까지 자르고 깃 차례가 바뀌지 않게 늘어놓습니다.

김발. 구하기도 쉽고 굵기도 딱 알맞다.

접착제

김발에서 대나무를 하나씩 떼어 냅니다.

대나무를 깃 구멍에 맞게 깎아 다듬고 알맞은 길이로 자릅니다.

대나무에 접착제를 발라 깃에 하나하나 꽂아 넣고 차례대로 정리해 놓습니다.

접착제가 잘 마르도록 놔둡니다. 이 깃이 얼마 뒤 황조롱이의 새 날개가 될 겁니다.

오늘 낮에 구해 온 고라니가 밤중에 죽고 말았습니다. 다친 동물을 치료하다 보면 이렇게 죽는 일이 많아요. 야생동물은 다치거나 갇히게 되면 몹시 불안해해서 치료를 받다가 죽기가 쉬워요. 다친 동물들이 모두 건강해져서 자연으로 돌아가면 좋겠지만, 사실 죽는 동물이 더 많습니다. 제때 치료를 못 받아서 죽기도 하고 치료를 하기도 전에 스트레스를 받아 죽기도 합니다. 치료하기가 힘들거나 동물이 너무 고통스러워할 때는 고통 없이 죽도록 주사를 놓아서 안락사를 시키는 일도 있고요. 그동안 죽어 간 동물들을 생각하면 마음이 아파요. 야생동물들이 대부분 사람들 때문에 다친다는 걸 생각하면 더 안타까워요. 다친 동물을 좀 더 빨리 발견해서 치료를 해 주어야 조금이라도 더 많은 야생동물을 살릴 수 있습니다.

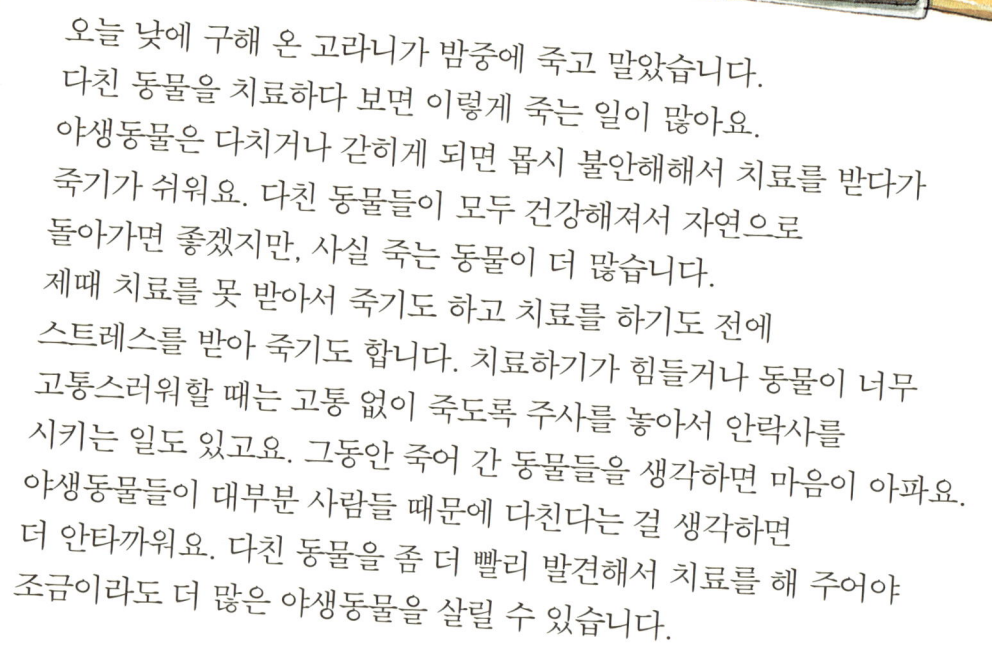
쇠백로 2006년 8월 9일
낚싯 바늘을 삼켜서 죽음

고라니 2006년 12월 20일
교통사고로 죽음.

멧돼지 2006년 1월 30일
올무에 걸려서 죽음.

흰뺨검둥오리 2006년 3월 10일
총에 맞아서 죽음.

쇠기러기들이 날지 못하고 몸부림치고 있어요.
여기저기 볍씨가 떨어져 있고 볍씨에서 농약 냄새가 나요.
누군가 기러기들을 잡으려고 농약에 담근 볍씨를
뿌린 게 틀림없습니다.

저기, 독수리부터 쫓아 버려요.
독수리들까지 중독되겠어요.

휘이- 먹지 마.

시간이 지날수록 중독된 쇠기러기들 몸이 점점 안 좋아집니다.
쇠기러기들이 아파서 꽥꽥대고, 푸드덕푸드덕 몸부림치고,
주르륵 설사를 하고, 코와 부리에서 부글부글 거품을 뿜고,
고통스러워 눈물을 뚝뚝 흘립니다.
중독은 한꺼번에 수백, 수천 마리의 목숨을 앗아 갈 수 있어요.
기러기들은 무리 지어 다니기 때문에 이런 일이 생기면 큰
피해를 당해요. 게다가 중독이 된 동물들은 고통에
몸부림치며 죽어 가기 때문에 농약 같은 독약을 먹여
동물을 잡는 건 아주 잔인한 짓입니다.

치료를 받지 못하거나 치료가 너무 늦어 죽은 쇠기러기가 많습니다.
정말 화가 나고 안타깝지만 신경 쓸 겨를이 없습니다.
빨리 살아 있는 생명부터 살려야지요.

해독제를 주사한 다음 자꾸 물을 먹여서 농약이
배설물에 섞여 나올 수 있게 해 줍니다.
이제 쇠기러기들이 다시 기운을 차리기를
기다리는 일만 남았습니다.
'애들아, 힘내. 제발 살아 줘.'

독수리들이 먹은 것을 빨리 토하게 해야 하는데
뱉어 내질 못합니다. 할 수 없이 부리를 벌리고 목구멍으로 집게를 넣어
꺼냅니다. 정말 많이도 먹었네요. 이걸 다 꺼내지 않았다면 독수리들은
죽었을 거예요. 억지로 토하게 했으니 얼마나 힘들었을까요?
기운이 하나도 없어 보입니다. 영양 수액을 놓아 주고
편히 쉬게 해 줍니다.

오늘은 아픈 동물이 정말 많이 들어왔어요.
사람들이 야생동물을 아끼고 친구처럼
생각한다면 이런 일은 없을 텐데요.
몸도 너무 피곤하지만 마음이 아파서 더 힘든
날이었어요. 그래도 할 일을 빠뜨릴 수는 없지요.
동물의사 선생님은 동물들이 오늘 무슨 먹이를
얼마나 먹었는지 기록합니다.
동물들은 몸이 안 좋을 때에는 가장 먼저
먹이를 잘 먹지 못하기 때문에
꼭 적어 두어야 합니다.

이동 상자 만들기

이동 상자는 동물들을 옮길 때 꼭 필요합니다. 이동 상자를 만들 때는 동물들이 되도록 스트레스를 받지 않고 편하게 느낄 수 있도록 신경을 써야 합니다.

너구리

수리부엉이

● 이동 상자는 동물의 몸집에 맞아야 합니다. 이동 상자가 너무 크면 아픈 동물들이 심하게 움직이다가 더 다칠 수도 있습니다.

● 또 공기가 통할 구멍만 남기고 밖이 보이지 않게 해 주어야 합니다. 동물들은 주변에 사람이 보이면 흥분하고 불안해하기 때문입니다.

● 상자 안에 동물들에게 상처를 입힐 만한 못이나 툭 튀어나온 것이 있어도 안 되지요.

오늘은 황조롱이가 새로 날개를 다는 날입니다.
먼저 황조롱이를 마취시키고 혹시
수술 도중에 마취에서 깨서
발톱으로 할퀼 수도 있으니
발을 솜으로 싸서 붕대로
감아 놓습니다.

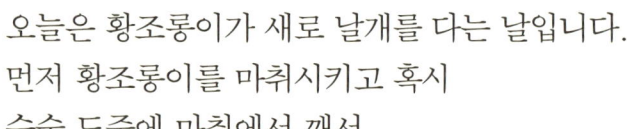

망가진 깃의 밑동을 하나씩 잘라 냅니다.

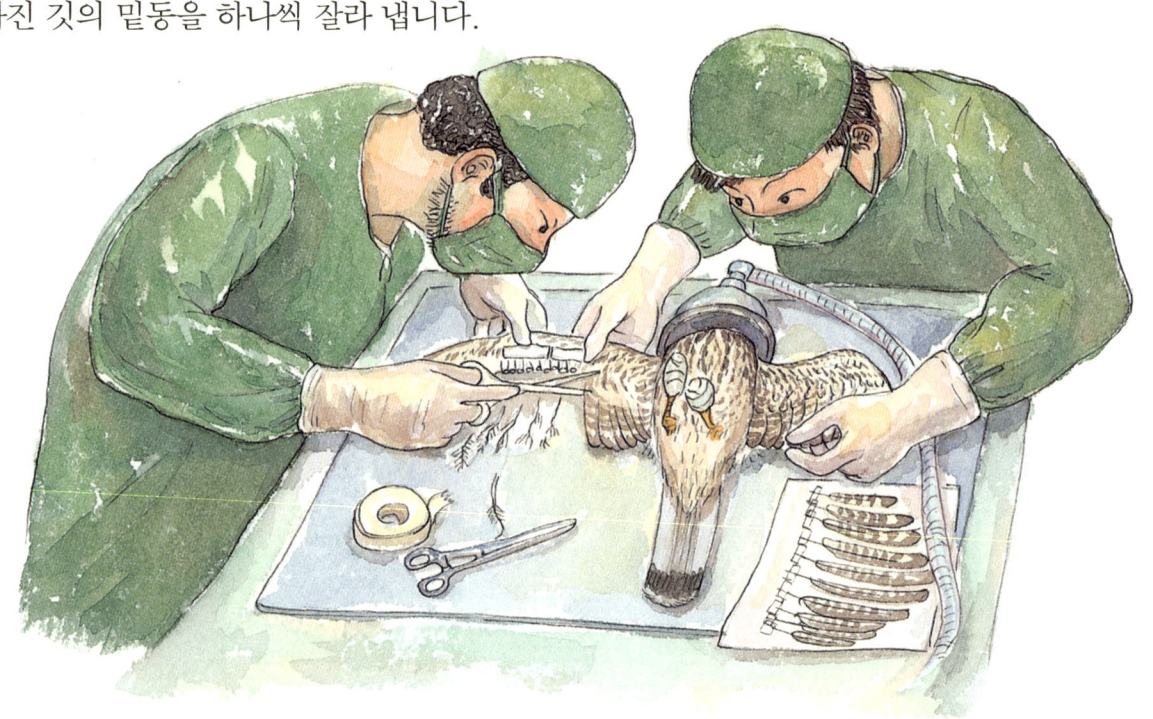

깃대의 가운데 부분을 가는 철사 같은 것으로
미리 잘 뚫어 놓습니다.

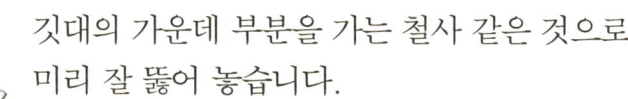

이제 미리 정리해 놓은
새 깃을 황조롱이의 깃대 속으로
겨드랑이 쪽부터 차례대로 끼웁니다.
이때 위치나 차례가 바뀌면 안 됩니다.
황조롱이가 제대로 날 수 없거든요.

차례대로 모두 끼웠으면 대나무로 이은 부분에
종잇조각을 한 장씩 접어서 끼워 놓습니다.
붙일 때 접착제가 새어 나오면 새 깃털에 덕지덕지
붙어 버려 수술을 망칠 수 있기 때문입니다.

이제 접착제로 붙이기 시작하는데 이번에도 안쪽 깃부터
접착제를 대나무 막대에 바르고 깃대 속으로 밀어 넣습니다.
접착제가 마르기 전에 새로 붙인 깃들이 자리가 잘 잡히도록
손으로 만져 줍니다. 이렇게 수술은 끝!

황조롱이가 마취에서 깨어났어요. 그런데 잠깐 한눈판 사이 수술실을 휙휙 날아다닙니다. 수술이 잘됐어요. 날개가 망가져 날지도 못하던 녀석이 마취에서 깨자마자 날다니, 정말 대단한 수술이에요. 내일부터 바로 날기 연습을 시켜야겠어요.

저러다 어디 부딪치겠네.

빨리 잡아요!

큰소쩍새 눈 수술도 해 주어야지요.
한쪽 눈을 빼는 수술을 하면
사냥을 잘 못하게 되니까 혼자 힘으로
살아가기가 어렵습니다.
동물의사 선생님은 이 녀석을 병원에서
기르면서 수컷과 짝을 지어 주기로
했습니다. 그래서 녀석이 낳은
새끼들이 자라면 풀어 주어
자연에서 살게 할 겁니다.

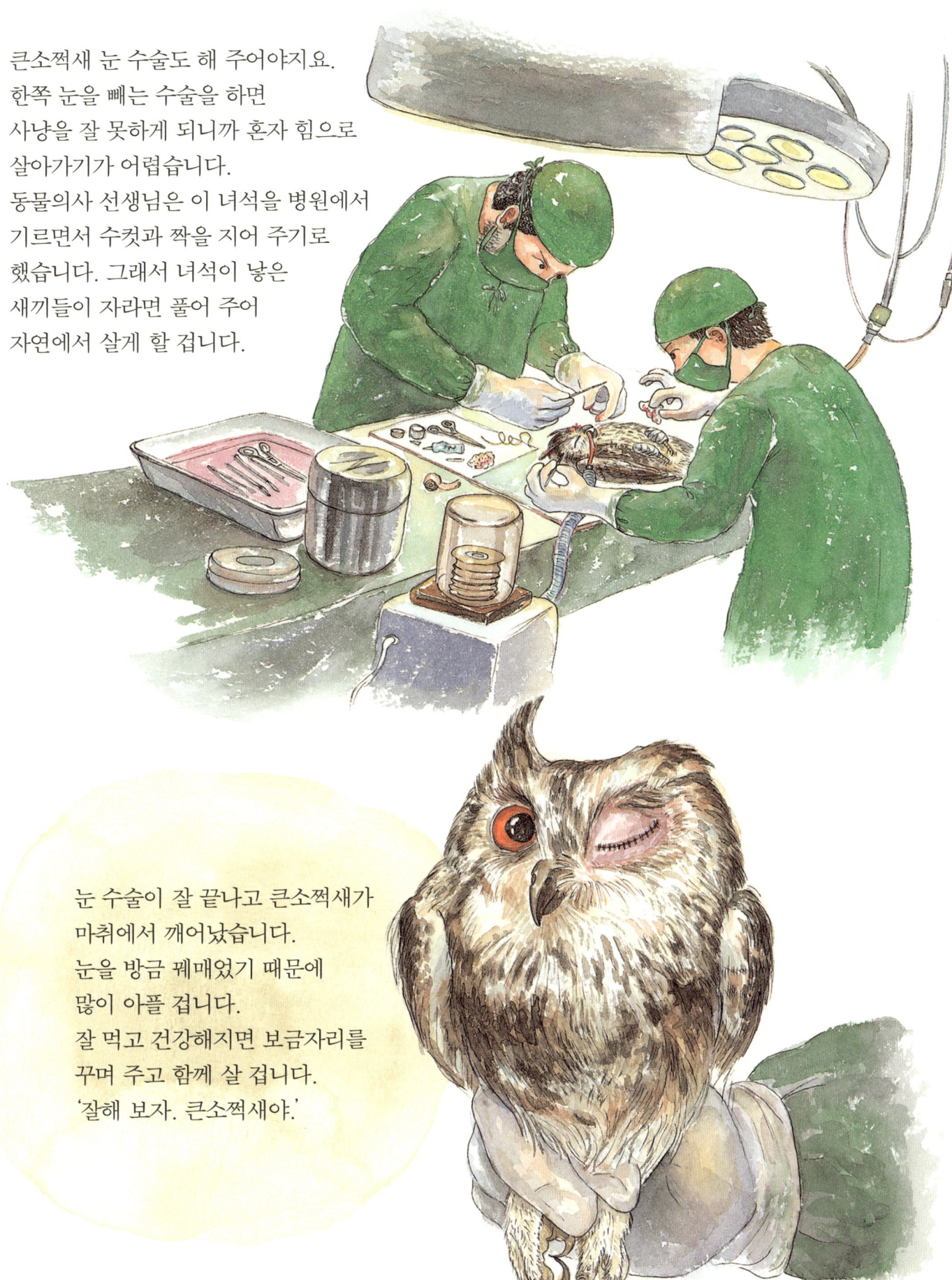

눈 수술이 잘 끝나고 큰소쩍새가
마취에서 깨어났습니다.
눈을 방금 꿰매었기 때문에
많이 아플 겁니다.
잘 먹고 건강해지면 보금자리를
꾸며 주고 함께 살 겁니다.
'잘해 보자. 큰소쩍새야.'

치료가 끝난 새들을 원래 살던 곳으로 돌려보내기 전에 꼭 날기 연습을
시켜 주어야 합니다. 오랫동안 날개를 쓰지 않고 지내다 보면 나는 힘이
약해지기 때문에 날기 연습을 여러 차례 시켜서 잘 날 수 있게 도와주어야 하지요.
먼저 새의 다리에 얇은 가죽 끈을 묶고 줄을 이어 놓습니다.
날기 연습을 시킬 때에는 새를 날리는 사람과 줄을 풀고 잡아 줄 사람,
새가 어떻게 나는지 기록할 사람이 필요합니다.
기록을 맡은 사람은 새가 얼마나 높이 그리고 멀리 나는지, 한쪽 방향으로만
날지는 않는지 꼼꼼히 기록해야 합니다. 그래서 조금이라도 이상하면
병원에서 더 치료를 받도록 해야 하지요.

잠깐! 날기 연습 때 주의할 점

소화가 안 되어 탈이 날 수 있으니 먹이를 바로 먹은 새는 연습시키면 안 돼요.

햇볕이 너무 뜨거우면 새가 쉽게 지치니까 선선한 아침이나 저녁에 하는 것이 좋아요.

주위에 개나 고양이, 까치처럼 날기 연습을 방해하고 새를 공격할 만한 동물이 있으면 안 돼요.

눈, 비, 바람이 세면 새가 떨어져 다칠 수도 있어요.

= 조류 날기훈련 기록지 =

훈련원: 김ㅇㅇ, 최ㅇ, 이ㅇㅇ

날짜: 12.23   새번호: 황조롱이 1번

날개깃 점검
B: 부러진 깃
IB: 새로 나는 깃
O: 정상

깃번호	1	2	3	4	5	6	7	8	9	10
오른쪽	O	O	O	O	O	O	O	O	O	IB
왼쪽	O	O	O	O	O	O	IB	O	O	IB

깃번호	1	2	3	4	5	6	7	8	9	10	11	12
꼬리깃	O	O	O	O	O	O	O	O	O	O	O	O

발바닥 상태 점검: 양쪽 정상   몸무게: 210 g
훈련횟수: 7회   휴식횟수: 3회   전체훈련시간: 45분
훈련거리: 짧은거리 (1)회 중간거리 (1)회 먼거리 (5)회
비행거리: 0.5m (·)회 1m (1)회 2m (2)회 3m (4)회
비행높이:
날개 펴는 모양: (정상) / 비정상 (   )
발의 자세: (정상) / 비정상 (   )
그밖의 특이점: 날개깃 이식 수술한 황조롱이

* 비행높이: 새가 올라가는 높이의 정도를 표시
* 날개 펴는 모양: 정상, 비정상을 확인. 비정상일 경우 문제점을 기록
* 훈련도중 발견되는 여러 문제점과 새의 상태에 대해 모두 기록

자, 이제 시작해 볼까요?
먼저 깃 이식 수술을 받은 황조롱이부터.

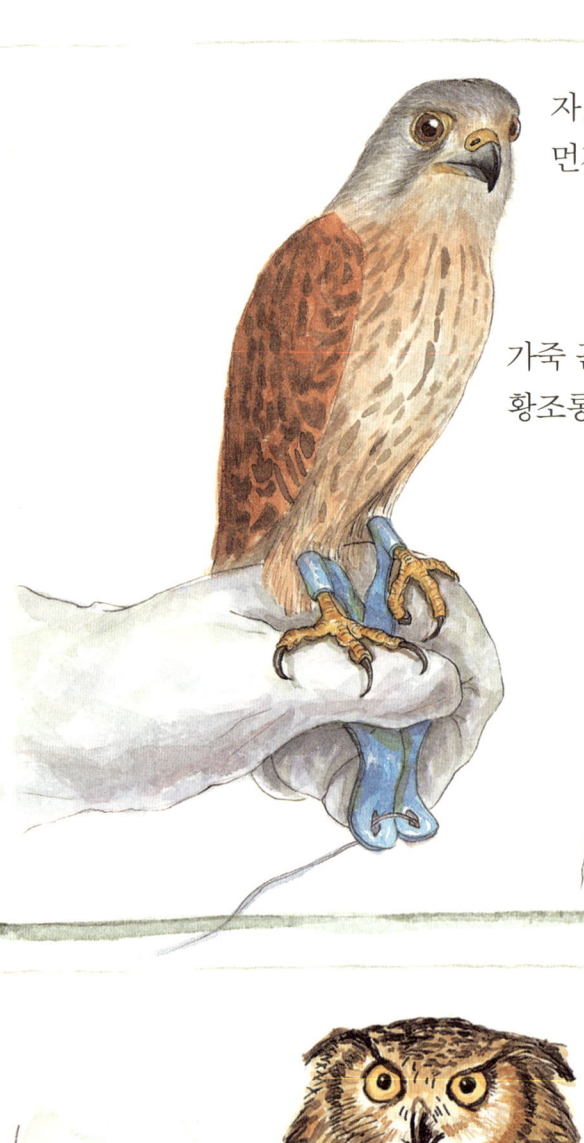

가죽 끈을 잡아 주먹 위에
황조롱이를 올려놓고

바람을 타고 날기 쉽게
바람이 불어오는 쪽을
보게 한 다음, 팔을 앞으로
뻗으면서 매듭을 놓습니다.

다음은 수리부엉이.
한번 날려 볼까요?

두 손으로 다리를 잡고 팔로
날개를 살짝 누르듯이 안고서

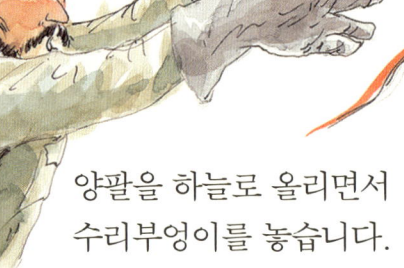

양팔을 하늘로 올리면서
수리부엉이를 놓습니다.

줄이 거의 다 풀릴 때까지 날아갑니다.
잘 나는군요. 줄을 갑자기 잡으면
크게 다칠 수 있으니
천천히 잡아 줍니다.

자, 안전하게 내려앉기 성공.
멀리, 높이 나는 걸 보니
며칠만 더 연습을 시키고 풀어
주어도 괜찮을 것 같습니다.

한쪽으로 치우치더니
멀리 날지 못하고
땅으로 내려와 버리네요.

일주일에 세 차례쯤
연습을 시키면서
상태를 잘 살펴야겠습니다.

농약에 중독되어 들어왔던 쇠기러기들과 독수리들이
많이 건강해졌습니다. 이제 며칠만 있으면 풀어 주어도 될 것 같습니다.
봄이 오면 친구들과 함께 북쪽으로 떠날 수 있게 돌려보내야지요.
자연으로 돌려보내기 전에 목이나 다리에 고리를 채워 줍니다.
독수리같이 큰 새는 날개에 표식을 달 수 있지요.
고리에는 어디서 채워 주었는지 알 수 있게 국가 기호와 번호를 씁니다.
고리를 채우기 전에는 새가 암컷인지 수컷인지, 몇 살인지 적어 놓고
몸무게와 건강 상태를 자세히 기록해 놓습니다. 이렇게 해 두면
야생동물을 연구하는 데 큰 도움이 됩니다. 특히 기러기나
독수리 같은 철새들한테 고리를 채우면 고리를 보고
새들이 어디서 와서 어디로 가는지 알 수 있고
고리를 채워 준 곳과 연락해서 더 많은 것을
알아낼 수 있습니다.

사람들이 야생동물을 위해 할 수 있는 일들

애완동물을 버리지 않는다.
사람한테 버려진 개나 고양이가 너무 많아요. 그런 동물들이 산과 들을 떠돌아다니며 야생동물이 살 곳을 빼앗고 새나 작은 동물을 물어 죽이고 있어요. 야생동물을 생각해서라도 집에서 기르는 애완동물을 절대로 버리지 말아야 해요.

야생동물을 함부로 잡지 않는다.
개구리나 뱀을 먹기도 하고 함부로 죽이는 사람들이 있어요. 이런 일은 절대 해서는 안 돼요. 또 나비나 잠자리, 매미같이 작고 약한 곤충을 마구 잡아서도 안 되겠지요?

산에 가서 큰 소리를 치지 않는다.
산에는 많은 야생동물이 살고 있어요. 산에 가서 사람들이 큰 소리를 지르면 동물들한테는 꼭 호랑이가 우는 것처럼 무서울 거예요. 또 밤에 움직이는 동물들이 많기 때문에 사람들이 밤에 등산하면서 '야호' 소리를 지르면 먹이를 잡으러 돌아다니지도 못하고 숨어 있어야 해요.

야생동물이 있는 곳에 큰 개를 데려가지 않는다.
야생동물한테 개는 늑대나 마찬가지로 무서운 동물이에요. 산에 갈 때에는 되도록 개를 데려가지 않는 게 좋아요.

야생동물 보호 활동을 하는 단체에 기부한다.
야생동물을 지키기 위해 많은 사람들이 활동하고 있어요. 야생동물이 사는 곳에 도로나 아파트를 짓지 못하게 막거나 밀렵을 못 하게 감시하고 멸종 위기 동물을 구하는 일을 하기도 해요. 이런 일을 하는 단체에 기부를 하는 것도 좋은 일이에요.

드디어 농약에 중독되어 병원에 들어왔던 독수리들을 자연으로 돌려보내려고 합니다.
여기가 독수리들을 풀어 줄 곳이에요. 처음 독수리들을 발견한 곳이지요.
가장 익숙하고 친구들도 주위에 있을 테니 원래 살던 데로 보내 주는 것이 좋아요.

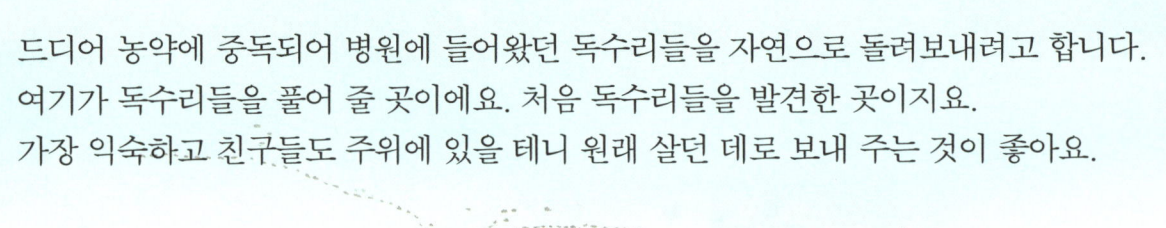

독수리들은 이곳에서 겨울을 나고 봄이 되면
북쪽으로 날아가서 새끼를 키웁니다.
내년 겨울에는 다시 여기로 돌아올 거예요.
이미 야생동물들은 살 곳을 많이 빼앗겨
우리 곁에서 점점 사라져 가고 있어요.
야생동물이 살 땅을 잘 지키지 않으면
우리는 더 이상 야생동물들을 볼 수
없을지도 몰라요.

독수리가 힘차게 날갯짓을 합니다. 높이높이 떠서 갑니다.
건강하게 다시 날게 되어 다행입니다.

쇠기러기들도 친구들 곁으로 돌아갔습니다.
쇠기러기들은 이곳에 와서 끔찍한 일을 당하고 많은 친구들을 잃었어요.
부디 다시는 그런 일을 겪지 않고 건강하게 지내야 할 텐데요.
그래서 내년 겨울에도 잊지 않고 우리 곁으로 돌아오면 좋겠습니다.
"얘들아, 꼭 다시 만나자."

수리부엉이

쇠기러기

황조롱이

멧돼지

동물의사 선생님의 야생동물 파일

수리부엉이

천연기념물 제324호이다. 예전에는 흔한 텃새였지만 요즘에는 드물게 보인다. 몸길이는 70cm로, 우리나라에 사는 올빼미 종류 가운데 가장 크다. 큰 부엉이를 보면 수리부엉이라고 생각하면 된다. 귀깃이 길어서 잘 보이고, 눈은 주황색을 띤 노란색이다. 산이나 강가 절벽 틈에서 새끼를 키운다. 낮에는 나뭇가지나 바위에 앉아 쉬고, 어두워지면 사냥을 한다. 꿩이나 멧토끼, 쥐, 개구리, 뱀, 벌레 따위를 잡아먹는다. 사람이 키우는 오리나 닭을 잡아가기도 한다. 올빼미 종류는 날 때 날갯짓 소리를 전혀 내지 않는다. 또 두 눈이 앞을 향하고 있어 목을 한 바퀴 돌리면서 주위를 살펴본다. 자동차나 건물 유리에 부딪쳐서 다치는 일이 많다.

쇠기러기

큰기러기와 함께 겨울이면 우리나라의 넓은 농경지에서 볼 수 있다. 몸길이는 72cm이며, 부리는 분홍색이고 이마는 흰색이다. 날 때에는 V자로 줄을 지어 날며 논에서 낟알을 주워 먹는다. 총에 맞기도 하고, 농약에 담근 볍씨를 먹고 한꺼번에 중독되는 일이 해마다 생기고 있다.

황조롱이

천연기념물 제323호이다. 흔한 텃새로 몸길이는 수컷이 33cm, 암컷이 38cm이다. 발이 노란색이고 노란 눈테가 있다. 등과 날개 윗면이 적갈색이고, 수컷은 머리와 꼬리가 회색이지만 암컷은 적갈색이다. 낮에 활동하며 쥐나 작은 새를 먹고 산다. 아파트에 둥지를 틀 정도로 도시 환경에 잘 적응한 편이다.

멧돼지

돼지보다 몸집이 크고 힘도 세다. 수컷은 아래턱의 송곳니가 길게 밖으로 나와 있다. 산과 이어진 숲에 살며 가파른 곳보다는 완만한 땅을 좋아한다. 나무뿌리, 도토리, 칡, 지렁이, 벌레 따위를 주로 먹고 넓은 지역을 옮겨 다니며 산다. 사람들이 심어 놓은 옥수수, 고구마 같은 농작물을 파헤쳐 먹는다는 이유로 밀렵을 많이 당하고 있다.

큰소쩍새

천연기념물 제324호이다. 흔하지 않은 텃새로 몸길이는 24cm이다. 눈이 붉은색이다. 낮에는 쉬고 어두워지면 사냥을 하는 야행성이다. 작은 새나 쥐, 벌레 따위를 잡아먹는다. 나무 구멍에 둥지를 튼다. 소쩍새는 큰소쩍새보다 조금 작고 눈이 노란색이다.

두루미

천연기념물 제202호이다. 몸길이가 140cm로, 겨울에 600마리 정도가 우리나라를 찾아온다. "뚜루루루 뚜루루루" 하고 우는 소리가 멀리까지 들린다. 몸은 희고 머리 꼭대기는 붉고 목과 날개깃 일부는 검다. 물고기나 다슬기 따위를 잘 먹는데 우리나라에서 겨울을 날 때는 논에 떨어져 있는 낟알을 주로 먹는다. 짝을 만나면 평생 바꾸지 않고 함께 살며, 수명이 길어서 50년쯤 산다. 세계에 2500마리도 채 남지 않은 아주 귀한 새다. 농약에 중독되기도 하고 날다가 전선에 걸려서 다치기도 한다.

독수리

천연기념물 제243호이고, 겨울에 우리나라를 찾아온다. 세계에 1만 마리 밖에 없는 귀한 새다. 몸길이는 1m이고, 날개를 편 길이는 거의 3m에 가깝다. 온몸이 검은빛을 띤다. 스스로 먹이 사냥을 하지 못하고 죽은 동물을 먹는다. 죽은 동물을 먹기 편하게 머리와 목 위쪽에는 깃이 없고 살갗이 드러나 있다. 날개를 활짝 벌려 바람을 타고 나는 데 능숙하지만 땅에 내려앉을 때는 균형을 잃고 비틀거리거나 뒹굴기도 한다. 농약 같은 독약을 먹고 죽은 동물을 먹다가 중독되는 일이 흔히 일어난다.

고라니

몸집은 큰 개만 하며, 암컷 수컷 모두 뿔이 없고, 수컷은 날카로운 송곳니가 길게 밖으로 나와 있다. 강가 억새밭이나 논밭 주변 숲에 산다. 물을 좋아해서 물가에 많이 나타나며 헤엄도 곧잘 친다. 우리나라와 중국 일부 지방에서만 살기 때문에 세계에서는 귀한 동물이다. 올무에 걸리거나 총에 맞는 일도 많고, 길을 건너다가 차에 치이기도 한다.

※ 큰소쩍새 사진은 김수호 님이, 수리부엉이, 두루미와 멧돼지 사진은 김영준 님이, 독수리, 쇠기러기, 황조롱이, 고라니 사진은 황보연 님이 제공해 주었습니다.

● 철원군 천연기념물 보호사
● 김영준 수의사
● 김수호 선생님

지은이의 말

처음 이 책을 쓰기로 마음먹고 강원도 철원에 있는 야생동물 보호 기관을 찾아갔습니다. 거기에서 두 달 남짓 지내면서 많은 일을 겪고 배웠습니다. 첫날부터 일이 끊임없이 이어지는 것을 보고 참 놀랐습니다. 어떻게 시간이 가는지도 모를 만큼 일이 많았습니다. 동물들은 어디가 아픈지 말을 못 하기 때문에 다친 동물을 치료하고 보살필 때는 아주 세심해야 합니다. 먹이를 준비하고 주는 데도 많은 시간과 노력이 듭니다. 동물들을 자연으로 돌려보내기 전에 재활 훈련도 해 주어야 합니다. 또 다친 동물들이 사람처럼 알아서 병원을 찾아올 수 없기 때문에 구조 활동을 하는 것도 야생동물 병원이 할 일입니다. 이 모든 일을 조금도 소홀히 하지 않아야 야생동물을 하나라도 더 살릴 수 있습니다.

이 책에 나오는 이야기는 특별히 더하거나 뺀 것 없이 직접 보고 듣고 배운 것을 쓴 것입니다. 총에 맞고 건물 유리에 부딪치고 교통사고를 당하고 올무에 걸리고 개에 물리고 전염병에 걸리고 중금속과 독약에 중독되고, 일일이 말하기도 어려운 갖가지 이유로 야생동물들은 고통을 당했습니다. 누군가 농약에 담근 볍씨를 뿌려 놓아 쇠기러기들이 떼로 죽고 독수리까지 중독되어 죽어 가는 것을 보고는 정말이지 말문이 막혀 버렸습니다. 사람에게 발견된 동물들이 이 정도니까 다치고 나서 어디선가 홀로 죽어 간 동물들은 훨씬 많을 것입니다.

야생동물 병원은 동물들에게 마지막 피난처와 같은 곳입니다. 다친 야생동물을 되도록 많이 구해서 자연으로 돌려보내는 일이 사람들이 야생동물에게 해 주어야 할 최소한의 일이라는 생각이 듭니다. 그런데 우리나라에는 아직 제대로 된 야생동물 병원이 거의 없고 관심을 갖는 사람도 잘 없습니다. 사람들이 야생동물의 삶에 관심을 갖고 정부에서도 좀 더 신경을 썼으면 좋겠습니다.

이 책에 나오는 동물의사 선생님은 철원군 천연기념물 보호사의 김수호 선생님과 김영준 수의사의 모습이 합쳐져 탄생했습니다. 김수호 선생님은 동물을 정말 좋아해서 다친 동물이 있으면 어디든 달려가서 구해 내고 정성껏 돌보십니다. 김영준 수의사는 수술을 엄청나게 많이, 또 훌륭히 해내는 분입니다. 이 책에 나오는 깃 이식 수술은 우리나라에서 김영준 수의사가 처음 시도한 굉장한 수술입니다. 많은 것을 가르쳐 주신 두 분께 진심으로 감사드립니다.

2007년 11월 최협